El "López"
de Jorge Ibargüengoitia

NUESTRAS ESCRITURAS

//\\

El "López"
de Jorge Ibargüengoitia

L. Howard Quackenbush

Consejo Nacional
para la
Cultura y las Artes

INBA

1992

Diseño de la colección: Efraín Herrera
Fotografía de la contraportada: Soledad Aranda

Primera edición, enero 1992
Consejo Nacional para la Cultura y las Artes
© Instituto Nacional de Bellas Artes
Av. Hidalgo núm.1, 06050, México, D.F.

ISBN 968-29-3585-7

Impreso en México - Printed in Mexico

I. La metahistoria de la historia

Quizás uno de los elementos calificadores más importantes de la evaluación de la prosa de Jorge Ibargüengoitia sea su uso, o distorsión según algunos, de la historia y los asuntos que de ella surgen. Si un autor emplea datos históricos y cronológicos en el desarrollo de su relato novelado, ésa, su visión particular de lo histórico, tendrá un efecto en la reacción de su público frente a tales temas. Muchos escritores contemporáneos tienden a ser escépticos con respecto a la inviolabilidad de los datos históricos y así mismo ante la terca actitud de algunos historiadores. El deseo que expresan muchos de estos de que sus ideas se acepten indiscutible y científicamente, cuando todo el mundo sabe que su disciplina es casi siempre especulativa e imprecisa, parece prescindir de la lógica. En todo caso, su rigidez profesional hace que sea más difícil cualquier descripción de conflictos humanos, perplejidades y dilemas éticos relacionados con la conducta humana o su motivación. Hayden White, en su ensayo intitulado "The Burden of History" (El peso de la historia), declara:

> …una de las características distintivas de la literatura contemporánea es la convicción subyacente de que la percepción histórica debe ser eliminada si el escritor propone examinar con debida seriedad los estratos de la experiencia humana que es propósito del arte *moderno* aclarar… [White, p. 31, traducción mía]*

Algunos escritores de ficción han usado la historia simplemente como un trampolín para saltar a otros intereses

*Para ésta y siguientes referencias, consúltese al final la bibliografía de obras citadas por el autor (NE).

humanos apremiantes que, según ellos, tienen precedencia sobre la historicidad.[1] Ellos han usado el fondo histórico para satirizar, enseñar, moralizar y aun para pronosticar. Muchos autores expresan una hostilidad contra cualquier delimitación histórica que pueda impedir su libertad de visualizar o que limite sus sensibilidades creativas. Cuando se le pregunta sobre su técnica, algunos hablan de la antihistoria, otros de la metahistoria, y términos como metaficción y metateatro aparecen con regularidad. Obviamente, un conocimiento de estas expresiones puede ayudar a descifrar tales ideas.

A manera de definición, Patricia Waugh habla de la terminoogía "meta" en su trabajo *Metafiction: The Theory and Practice of Self-exploration (La metaficción: Teoría y práctica de la autoexploración)*, y discute la "autoexploración formal" de los textos de literatura como una clave para el entendimiento de estos términos. Waugh afirma que

> El aumento actual de conocimiento de los niveles "meta" del discurso y de la experiencia viene como consecuencia de la autoconciencia social y cultural... El idioma es un sistema independiente y autónomo que crea su propio "sentido"... Los términos "meta", por lo tanto, son necesarios para explorar la relación entre este sistema lingüístico arbitrario y el mundo al cual aparentemente se refiere. [Waugh, pp. 2-3]

"Metalenguaje" para Hjelmslev, "se refiere a otro idioma", que revela nuevas relaciones discursivas (Waugh, p. 4). Como resultado de éstas y otras declaraciones, "metadrama" puede ser interpretado como una pieza teatral dentro de otra. Hay una referencia directa a la obra como una pieza teatral que se aproxima a la realidad. "Metahistoria" debiera, entonces, crear una historia extendiéndose más allá de los límites anteriormente aceptados para la realidad, sin necesariamente alterar el contexto o las conclusiones de la historia establecida ni abrogar de ella. Es una historia que se explora a sí misma conscientemente, buscando verdades inherentes que se esconden dentro del intercambio humano y social que se escudriña. "Antihistoria", por otra parte, puede ser confundida con metahistoria, pero en este caso, la historia se altera o se cambia para llegar a diferentes o nuevas conclusiones previamente inaceptables como historia, y la antihistoria no muestra fidelidad a las normas aceptadas ni a las tradiciones históricas establecidas.

Provisto de estas técnicas, el escritor contemporáneo percibe la historia y sus numerosas variaciones como una de muchas herramientas de su repertorio. Para darle sabor a la narrativa, la historia puede ser usada eficazmente como analogía o como contraste, pero puede ser a la vez bastante estéril y anestésicamente adormecedora a los sentidos cuando se reitera sin una dosificación apropiada de vida y vitalidad inventiva.

La historia de México, como la de la mayoría de los países de occidente, ha creado sus propios héroes y maleantes nacionales por una "selección nacional" más que por una "selección natural". Es decir, al escoger a los que mejor representan sus intereses nacionalistas, enaltece a sus héroes y ataca a la oposición. Este proceso podría llamarse la mitificación oficial de los escogidos. La relación que tiene el héroe con el resto de la humanidad se olvida y desaparece, llegando a la deificación de él, ya que los que mandan reescriben institucionalmente la historia patria. De una percepción histórica de este tipo nace una nueva realidad; mejor dicho, nace una antihistoria. La información errónea y la distorsión de los hechos llegan a ser aceptadas como verdad. En este proceso de deificación los que pierden pasan a ser viles cobardes, enemigos del Estado y del pueblo. Asimismo, muchas veces son los extranjeros y forasteros y no pocas veces los indigentes o personas de otro color y de otras costumbres. Esta percepción xenofóbica y masoquista se nutre del miedo y del odio intercultural, y con el paso del tiempo, los "traidores" son desmitificados y despojados de todo valor positivo por los vencedores y los que están en el poder. Como dijo el poeta alemán Gottfried Benn: "El que tiene el dinero, vive muchos años; el que posee la autoridad, no puede errar; el que manda, establece la verdad. ¡Así es la historia! *¡Ecce historia!* …" (White, p. 37).

La literatura de categoría tiende a rehuir la propaganda y el simulacro en busca de la autenticidad; es decir, la grandeza a costa de la adversidad y los fracasos, o a despecho de la raza o el pueblo de origen de los personajes. La mejor literatura mexicana contemporánea tiene la tradición de oponerse a los puntos de vista dogmáticos y partidistas. He aquí algunos

9

ejemplos: *1)* Con el descubrimiento de *Los de abajo* de Azuela, la idea del fracaso de la Revolución Mexicana en promover y establecer reformas positivas para los sobrevivientes y para futuras generaciones de mexicanos, viene a ser un concepto que unifica a muchos artistas del país. *2)* La oposición de Octavio Paz a la inhumana política del PRI después de la masacre de los estudiantes en Tlatelolco, en 1968, también ha estimulado a la generación joven de artistas a expresar su desaprobación de la política oligárquica y a atacar la corrupción. *3)* La descripción de Carlos Fuentes, en su novelita *Aura,* del historiador mexicano egoísta, autoservicial e incompetente puede ser comparada a su descripción anterior, en "Chac-Mool", del pequeño oficinista, coleccionista y amontonador inexperto de antigüedades arqueológicas, que por desconocimiento de su propia cultura ofende a su dios y tontamente se aniquila.

4) Al pensar en el mensaje de uno de los maestros del teatro mexicano, de nuevo el público entiende y acepta su voto de no confianza contra la historia mexicana. *Corona de sombra* de Rodolfo Usigli intenta reestructurar la actitud mexicana popular en cuanto a los protagonistas Maximiliano y Carlota del drama del Segundo Imperio. La erosión gradual del odio contra los desgraciados emperadores, que se ha notado en las últimas décadas, y la resultante actitud más objetiva al respecto puede, en cierto grado, atribuirse a Usigli y su ataque intrépido contra el prejuicio mexicano popular e histórico.

5) El gesticulador, también de Usigli, trata el concepto de la verdad histórica y ética. Como todos sabemos, un historiador gesticulante, César Rubio, trata de hacerse pasar por un héroe revolucionario y es vencido por su propia ambición y la mentira que él desea convertir en verdad. Simbólicamente, las estratagemas de Rubio representan las distorsiones históricas que personas ambiciosas a veces tratan de perpetuar para sus propios intereses. Dentro del mensaje antihistórico de *El gesticulador* yace la semilla de decepción que carcome el alma de muchos individuos. Es la autodecepción del alquimista; esto es, el creer que uno puede recibir algo por nada. En México este autoengaño puede tomar la forma de la mordida o el soborno, o puede ser una de las numerosas formas "oficiales" de robo (congelar las cuentas bancarias para que desaparezcan con la inflación, esconder los ingresos petroleros del patrimonio nacional en cuentas en el extranjero, engañar a inocentes en el negocio, o abusar de la confianza que la gente tiene en la policía, asaltándoles en las carreteras o las calles oscuras de las ciudades). El mensaje está claro para Rubio, para México, y para los estudiantes de la literatura contemporánea. El pasado, incluso la gloriosa Revolución, no puede salvarnos del presente. Ninguno de nosotros puede construir el presente sobre el heroísmo del pasado: "la historia, tal como la civilización misma, debe ser trascendida si los requisitos de la vida se satisfacen" (White, p. 34).

Como otras prominentes figuras literarias mexicanas de la época, Jorge Ibargüengoitia desarrolla una visión individualizada de la historia de su país. Tal vez él, más que la mayoría de los escritores mexicanos, perciba en los sucesos históricos los cimientos para la construcción de su narrativa. Simultáneamente él le agrega al pasado oficial de México su propio y singular toque, asignándole a la historia una presencia menos mítica y mucho más realista. Estudiosos como Alfredo Pavón han ponderado el uso por parte de Ibargüengoitia de datos históricos en sus escritos y muchas veces parece que ese uso que él hace de dichos datos les deja perplejos. Pavón al discutir los méritos de la novela *Las muertas,* pone en duda la validez del acercamiento histórico que hace el autor en relación con su propia narrativa:

> ¿*Las muertas* es una novela o un simple escrito documental? Todo suceso histórico puede servir de base material en la hechura de un objeto que cae dentro de lo específicamente artístico; mas, ¿cómo es que trasladan los datos reales a un campo donde impera la imaginación? Estos hechos históricos trasladados, ¿ayudan u obstruyen a la estructura del objeto literario? [Pavón, p. 70]

Un eslabón perdido en las discusiones del desarrollo literario de Ibargüengoitia y del uso de la armazón histórica (tanto como de la metaficticia y la autorreferencial), y una de las claves para entender su visión de la función de la historia en la literatura, reside en su temprano entrenamiento como dramaturgo. La mayoría de los críticos pasan por alto el hecho de que en su formación está vivo el influjo de Rodolfo Usigli. Usigli, como ya se ha inferido, deliberadamente más audaz que muchos otros dramaturgos, ha manipulado la información histórica de México para lograr una comprensión más cabal de sus valores y verdades. La proposición de Usigli concerniente al uso de la historia para crear teatro también puede ayudar a los lectores a entender el punto de vista de Ibargüengoitia:

> Cuando la historia cojea, o no conviene a sus intereses, los autores apelan a las muletas de la historia... Este limitar por igual la historia y la imaginación, este neutralizar la una con la otra, este cojear alterno e inevitable en apariencia, acabó por encender en mí un pensamiento heterodoxo y arbitrario. Si no se escribe un libro de historia, si se lleva un tema histórico al terreno del arte dramático, el primer elemento que debe regir es la imaginación, no la historia. La historia no puede llenar otra función que la de un simple acento de color, de ambiente o de época. En otras palabras, sólo la imaginación permite tratar teatralmente un tema histórico. [Usigli, p. 141]

II. Las preferencias literarias de Ibargüengoitia

Jorge Ibargüengoitia cambió de piel en 1949, de ingeniería a estudios dramáticos, y él, junto con muchos otros importantes dramaturgos mexicanos, formó el núcleo, según Celestino Gorostiza, "de toda una generación de dramaturgos costumbristas" (Madirassa, p. 2). Bajo la tutela de Usigli, el teatro mexicano contemporáneo dio voz a una complicada realidad nacional. Entre los estudiantes del patriarca en la Facultad de Filosofía y Letras figuraban Emilio Carballido, Héctor Mendoza, Sergio Magaña, Ignacio Retes, Jorge Ibargüengoitia y Luisa Josefina Hernández. Pero de todos estos dramaturgos sólo Ibargüengoitia fue llamado "maestro" por su profesor (Knapp Jones, pp. 504, 511). Entre 1954 y 1956, Ibargüengoitia ganó una beca Rockefeller para estudiar técnica dramática en Nueva York y también otra del Centro Mexicano de Escritores.

La percepción de Usigli del papel que puede desempeñar la historia en las composiciones dramáticas quedó grabada en la actitud artística misma de sus estudiantes. Como indicación de la influencia de Usigli en el desarrollo del teatro histórico, Luisa Josefina Hernández escribió el trabajo *Popol Vuh,* basado en el texto maya, y Sergio Magaña produjo *Moctezuma II* y *Cortés y la Malinche (Los argonautas),* que trata del destino fatal del emperador y las tensiones producidas por la colonización y el mestizaje. Asimismo, Jorge Ibargüengoitia quedó incluido entre este grupo de escritores del teatro histórico. De acuerdo a su modelo para el teatro, Usigli expresa la idea de que, "El teatro no es historia. Una pieza histórica, si es buena, puede ser una lección de historia, nunca una clase de historia" (Madirassa, p. 2). Usigli habla de su obra *Corona de sombra* como "antihistórica" y él entendió perfectamente que el mero hecho de contar episodios históricos no podía producir gran teatro. Quería extender el impacto y la interpretación de los factores, "o sea, la verdad de la historia en términos de su significado, no de sus hechos efímeros" (Dauster, p. 57).

Las actitudes artísticas que primero influyeron en la técnica escrita de Jorge Ibargüengoitia le dieron una comprensión especial de la historia en relación con el arte y con la literatura, y estas actitudes vienen de su plazo de formación de estudiante de teatro. La visión dramática de los incidentes que han formado la conciencia mexicana de su historia permea la mayoría de los mejores escritos de él. La autocreación de México como su propio protagonista en el drama de su desarrollo histórico, tanto como el proceso de convertirse en su propio creador, se desarrolla como un repetido tema en el trabajo de este escritor. La historia como una función de la autoidentidad y de la autorreflexividad mexicanas, y esta misma historia vista a través de la creación literaria, debe considerarse de suma importancia en su técnica. Para Ibargüengoitia, México, junto con los personajes sobresalientes de su historia, viene a ser el protagonista del drama de su propio desarrollo imperfecto, tanto individual como nacional.

Este autor compuso más de veinte dramas antes de que apareciera su primera novela. Debido a numerosos factores, ninguno tan importante como el económico, produjo más narrativa que teatro después de 1964. De hecho, es importante entender que la mayoría de los dramaturgos de su generación han reconocido la necesidad de suplementar, si no de reemplazar su producción teatral con narrativa (por ejemplo, Vicente Leñero, Elena Garro, Luisa Josefina Hernández, José Agustín, Sergio Magaña y Emilio Carballido). En la actualidad, casi todos ellos son más aclamados como novelistas que como dramaturgos. Después de todo, estamos hablando del período del "boom" en la producción novelística. A pesar de eso, el amor de Ibargüengoitia por el teatro persistió, aunque su popularidad en esta línea siempre se subordinó a la fama de la cual él disfrutó como novelista, escritor de cuentos y ensayista literario.[2] Sin embargo, continuó mostrando una disposición natural para el teatro hasta la publicación de su última novela, *Los pasos de López*.[3]

Parece que la transición a la novela se llevó a cabo durante la época en que investigaba material sobre el asesinato de Álvaro Obregón para su drama *El atentado* (1961), el cual recibió el premio de teatro de Casa de las Américas en 1963. Con ese mismo material Ibargüengoitia propuso después una punzante y cómica crítica de la revolución mexicana, "satirizándola y desacralizándola en una medida inesperada..." (Ruffinelli, p. 70). La novela que resulta de esta investigación se intitula *Los relámpagos de agosto: memorias de un general mexicano* (1964). En esta novela los temas históricos sirven de fundamento para los comentarios del autor sobre la revolución, sus generales, y la influencia de la revolución sobre los valores y la conciencia del pueblo mexicano contemporáneo:

> La narración, presentada en la forma de memorias de un general revolucionario —situado siempre en situaciones mordazmente cómicas—, mantiene de principio a fin el tono de la parodia y del absurdo burlón [...] Un libro [...] que responde 'a la necesidad de mirar el pasado con ojos nuevos' (Italo Calvino). [Iñigo Madrigal, p. 1667]

Es obvio, entonces, que la historia y sus muchas variaciones, la producción teatral, y una novela se combinan para establecer la trayectoria de la producción de Ibargüengoitia durante este período:

> El asesinato de Obregón es un tema que siempre me había fascinado. Entonces me puse a escribir *El atentado*, que me llevó mucho tiempo porque leí una bola de cosas diferentes, de historias completamente contradictorias sobre el mismo hecho. Cuando terminé, me di cuenta de que me sobraba mucho material. Y me puse a escribir una novela, *Los relámpagos de agosto*. El protagonista, el general Guadalupe Arroyo, aunque inventado por mí, es un poco todos esos generales de la Revolución mexicana que luego escribieron libros de memorias para justificarse. [Ruffinelli, p. 70]

Después de la publicación y la popularidad inmediata de *Los relámpagos de agosto,* apareció la colección de cuentos *La ley de Herodes* (1967). Posterior a este trabajo Ibargüengoitia publicó su segunda novela *Maten al León* (1969), la sátira de una dictadura latinoamericana que se lleva a cabo en una isla del Caribe. *Sálvese quien pueda* se publica en 1975, y *Las muertas* en 1977. En esta última, basada en el caso de "las Poquianchis" y los burdeles pueblerinos, el narrador: "pretende decirnos que él es un simple manipulador de datos reales [...] los resultados que arrojó finalmente una investigación policial" (Pavón, p. 70).

El tomo *Sálvese quien pueda* contiene la obra teatral *La conspiración vendida,* la cual, aunque escrita más temprano, en 1960, coincide con las novelas *Estas ruinas que ves* (1975), *Dos crímenes* (1979), y el último trabajo del autor *Los pasos de López* (1982). Las tres novelas tratan la historia, la región circundante y los importantes personajes nacionales del querido Guanajuato (Cuévano) de Ibargüengoitia.

Tanto el drama *El atentado* como la novela *Los relámpagos de agosto* brotan de la misma fuente de inspiración, basados en los conflictos históricos concernientes a la muerte de Obregón. Así también, el drama *La conspiración vendida* y la novela *Los pasos de López* están vinculados históricamente. Pero aún más curioso, en este último caso, es la interrelación metahistórica, intertextual y autorreferencial que une estos dos trabajos en un nivel más alto de interpretación que sólo las obvias similaridades históricas consiente. La importancia dada a lo teatral por Ibargüengoitia en ésta, su última novela, refleja la necesidad de aceptar las realidades de publicación y la popularidad de la narrativa del momento, a la vez que la necesidad de escribir teatro se le impone como una urgencia vital. Hay indicios de que los eventos históricos, dramáticos dentro de su propio contexto, muestran mayor posibilidad como teatro que como narrativa, aunque el autor, un tanto frustrado, entiende perfectamente las preferencias de su público.

La conspiración vendida recibió el premio para drama de la Ciudad de México y la obra fue escrita como tarea asignada para la celebración del Sesquicentenario de la Independencia Nacional en 1960. Un requisito para su creación fue la exactitud de la información histórica y de los nombres y acontecimientos. Ibargüengoitia decidió limitar el alcance de la obra, dramatizando la llamada Conspiración de Querétaro. Cualquier escolar mexicano puede relatar al menos el esquema histórico del levantamiento frustrado que precipitó el "Grito de Dolores" de Miguel Hidalgo y Costilla, y eso mismo llevó a nuestro autor a reproducir casi al pie de la letra los episodios, en vez de elaborar una verdadera ficción. Datos históricos, si se usan juiciosamente, pueden producir teatro entretenido. Sin embargo, un dramaturgo que tiene que luchar con las limitaciones de temas muy conocidos, que han sido canonizados por el fervor patriótico, encuentra muy limitado el alcance de su creatividad. Hay poco espacio para desarrollar la caracterización, así como para diseñar los conflictos o apuros humanos que pudieran trascender las limitaciones de los hechos históricos. *La conspiración vendida* sufre de las restricciones de la historia que la encuadra. Le falta espontaneidad y refleja atributos de teatro de recámara o de teatro para ser leído, especialmente en su introducción prosaica y la "nota final". A veces la obra parece antiséptica, exorcizada de toda arbitrariedad humana; parece una descripción mecánica bastante distinta al sarcasmo exuberante que normalmente atiende la prosa del autor. Tampoco pudo el lector esperar que un tratamiento antihistórico "a lo Usigli" pudiera satisfacer los requisitos de la celebración del Día Nacional de la Independencia, una ocasión donde la representación debe ser sancionada y legitimizada por las autoridades. En el caso de *La conspiración vendida* los requisitos de la situación esterilizaron la creatividad del autor.

III. La metahistoria y
Los pasos de López

La novela *Los pasos de López* usa la misma información sobre la Conspiración de Querétaro y, sin embargo, estos datos se libran artísticamente de la historia patria oficial por dos motivos. Primero, el alcance de la obra va más allá de los factores de la sublevación. Hay un intento de expresar motivaciones y emociones, además de describir la traición, captura y ejecución del padre Hidalgo. Segundo, y más importante, el autor emplea la técnica metahistórica de disfrazar y ficcionalizar a personas, lugares y eventos, haciendo una historia de la historia y una ficción de la leyenda prejuiciosa que cuenta la historia nacional. El autor humaniza un mundo fosilizado por la historia mientras que cuenta un relato dentro, y más allá de, los acontecimientos oficiales: "Jorge Ibargüengoitia nos propone en 'Los pasos de López' un acercamiento a esa *pequeña historia* de la Historia que, lejos de desmerecer a sus protagonistas, los hace más humanos, más verosímiles, definitivamente reales".[4]

Gran parte del crédito por la liberación metahistórica de la novela se debe atribuir a la creación del narrador/testigo, Matías Chandón. Debemos entender que él es un personaje múltiple que personaliza los eventos, basándose en los recuerdos de su participación en el levantamiento. Sus pensamientos y vistazos retrospectivos sobre los acontecimientos, que tuvieron lugar treinta años antes, sirven de propósito múltiple. Constituyen una anécdota metahistórica que refleja su propia historicidad (por ejemplo, el México que se ve a sí mismo reflejado en su propia historia), y los recuerdos de Chandón también vienen a ser un artificio novelístico para anticipar la acción de la novela:

> ...allí me presentaron a la reunión. Al recordar este
> acto a la luz de los treinta años pasados, me asombra
> la variedad de suertes que el destino nos reservaba a

los que estábamos allí. La mayoría están muertos, pero mientras unos descansan en el altar de la Patria, los huesos de otros yacen en tierra bruta porque en ningún cementerio quisieron recibirlos. [Ibargüengoitia, *Los pasos...*, p. 36]

Los comentarios editoriales y el control del narrador de la acción que juzga bien incluir o eliminar, también tienen que ver con la multiplicidad de papeles y funciones que él debe ordenar y dirigir. Chandón es, a la vez, la voz y los ojos del autor externo-explícito; él es el autor/narrador interno-implícito; y es el autor de una metahistoria (historia de la historia oficial): "Los demás no entraron en la historia Patria y no tienen por qué aparecer en ésta" (Ibargüengoitia, *Los pasos...*, p. 36). Él es un personaje de una novela y debido a esto es ficticio; pero, al mismo tiempo, Chandón es un personaje sombra, hecho de muchos individuos históricos compuestos (consúltese, por favor, el diagrama al final del estudio para las relaciones). Él es un artificio que crea y transmite la ficción de la "nueva historia" al lector, manteniendo el característico humor irónico de Ibargüengoitia, a pesar de la naturaleza consagrada del asunto que nuestro autor trata en la novela.

La sátira es amortiguada y velada para reflejar la naturaleza pseudoclandestina del texto. Ibargüengoitia está riéndose irreverentemente mientras disfraza a sus personajes y cambia identidades, bromeando con su público, sin tratar de engañar a nadie. Ni la historia ni su propia creación es sagrada en esta sátira autorreflexiva. Por ejemplo, cuando por primera vez Matías Chandón conoce al Corregidor y a su esposa en Cañada, un ingenioso juego de palabras basado en errores de identidad causa un resultado sumamente gracioso. En vez de Chandón, los corregidores creen que el apellido de Matías es Chambón, o tonto, torpe y chapucero. El episodio constituye una burla muy mexicana y nuevomundista de los nombres y los títulos reales de los españoles:

Pasamos a hablar de apellidos.
—Él de usted me suena —dijo Carmelita—. Si no me equivoco viene usted de familia distinguida. ¿No son los Mejillón Chambón condes de Casaplana?

—No, Carmelita, de Otumba—corrigió su marido. [Ibargüengoitia, *Los pasos...*, p. 16]

Sacado el apellido de contexto, el diálogo es jocoso y refleja la visión del mexicano criollo del ostentoso español. Ser propietario o pertenecer a una familia distinguida de Otumba, según muchos, no le daría dominio sobre nada y aun hoy en día representaría un exilio al olvido, sin pensar en cómo sería la región en los tiempos coloniales. La autorreflexividad, ayuda a aumentar la reacción del mexicano contemporáneo en contra de la altivez y el esnobismo del español. En México una fuerte reacción antihispánica se ha venido gestando contra las actitudes de superioridad del español desde la conquista. Pero el intercambio cómico con respecto al juego Chambón/Chandón es meramente un grano de arena en un mar de apellidos españoles burlescos en *Los pasos de López*. Un análisis cuidadoso de los significados de los nombres creados por Ibargüengoitia para los líderes españoles y sus simpatizantes criollos puede ser revelador para una interpretación autorreferencial de la novela, y también puede desenmascarar satíricamente a farsantes y resultar chistosísimo:

Marqués de la Hedionda (El Marqués del "olor a muerte")

General Cuartana ("hacer cuartos" —él destruye el ejército de independencia de Periñón)

Obispo Begonia (un clérigo pomposo que siempre sale oliendo a gloria —muy satírico y anticlerical)

Licenciado Manubrio (manivela; asa —tuerce y tira—, sirvió a la odiada Inquisición)

Coronel Bermejillo ("se puso morado", p. 32 —lo avergonzaron sus oficiales)

Conde de la Reseca (seco; marchito; tacaño)

Padre Pinole (harina de maíz tostado —mexicano, pero usado por los españoles; él es un traidor y renegado)

Pepe Caramelo (un "dulce" muchacho —"tenía un dedo de frente", p. 27)

Presbítero Concha ("delator"; traiciona la causa en confesión; cuando uno acerca el oído a la concha de mar se oyen rumores)

Tambor Mayor Alfaro (hecho de arcilla —"alfare-
ría"—, cuando llegan problemas se disuelve su
fuerza de voluntad tal como se disuelve la
arcilla mezclada en agua)

La descripción de Chandón de personas y situaciones que
encaminan a la insurrección de Hidalgo revela las enconadas
llagas subyacentes que excitan a los mexicanos en contra de las
injusticias de los españoles gachupines. El Chandón de
Ibargüengoitia sigue la pista de la historia. Sólo que él la
colorea con el matiz que mejor encaja con su visión de la
realidad. Él personaliza estos actos que, a su vez, se reflejan en
él como el autor implícito y en sus percepciones de México que
son, después de todo, muy parecidas a las de Ibargüengoitia.

Antonio Alatorre, quien escribió una reseña a *Los pasos de
López* para *Vuelta* y precipitó un intercambio de correspon-
dencia publicada entre él e Ibargüengoitia, critica el uso de unos
nombres: "algunos nombres están bien, pero otros desafinan,
sugieren farsa cuando la novela no es farsa..." Él menciona los
nombres de Pinole y Manubrio en particular. El argumento
parece ser superficial y no da en el blanco. Hay una gran fuerza
satírica no sólo en estos dos nombres sino en la mayoría de los
nombres y títulos dados a los españoles y sus aliados en el
trabajo. Es el propósito del autor que ellos parezcan ridículos y
la respuesta de Ibargüengoitia a Alatorre indica el humorismo y
mordaz intento de estos nombres: "Si uno de mis curas se
llamara el Abate Melcachote admitiría que el nombre estaría
fuera de lugar en la novela, pero Pinole y Manubrio me parecen
tan sobrios como Chandón y Periñón—que son marcas de
champaña—" (Ibargüengoitia y Alatorre, p. 49). Además, Alatorre parece no entender que estos nombres forman una mofa
de la presencia imperial de España en México. Su fin es
ridiculizar, ¿por qué estaría eso fuera de tono? ¿Querría Alatorre
que Ibargüengoitia mantuviera algún vestigio de reverencia al
español o que sancionara las maniobras españolas que aparecen
en la historia mexicana? Eso parece ser bastante contradictorio
cuando en otras ocasiones este mismo crítico aplaude el uso de
la sátira por el autor: "Tus cosas traen, además, una marca de
fábrica que tú mismo tendrás que reconocer como tal: un
humor, un *mordant* especial, una causticidad típicamente tuya"
(Ibargüengoitia y Alatorre, p. 50).

La historia, como se ve reflejada en *Los pasos de López*, cambia en muchas maneras sutiles para dar entrada a interpretaciones un poco diferentes de las comúnmente expresadas. Periñón (padre Hidalgo) es delineado como sacerdote poco ortodoxo y en oposición a sus superiores españoles; un eclesiástico imparcial, irreverente, y bastante liberal, características todas atribuidas a él por la historia mexicana. La libertad que ejerce el autor para adjudicar el papel de este personaje, sin embargo, precipita ideas no tratadas mayormente en la historia mexicana. Periñón deja que se satisfagan sin empacho las necesidades físicas del pueblo de Ajetreo (fijarse en el jocoso juego de palabras del nombre de la ciudad), o Dolores, igual que las de él mismo. Aunque nunca dice a boca de jarro que Periñón disfruta de los deleites carnales, sólo el sacerdote tiene acceso libre a la casa de placeres físicos de Tía Mela en el Callejón de los Coyotes:

> Tal como había ocurrido en mi primera visita, la puerta estaba cerrada y se oían murmullos adentro. Periñón dio, como siempre, los cuatro golpes pausados y, como la primera vez, la voz cascada advirtió:
> —Aquí no hay nadie, ya todas las muchachas se fueron.
> Entonces Periñón anunció:
> —Es López.
> Inmediatamente se descorrieron cerrojos, se abrió la puerta, salieron a la calle media docena de putas, se hincaron en el empedrado y besaron la mano de "López". [Ibargüengoitia, *Los pasos...*, p. 72]

En vez de demostrar la piedad sacerdotal y el pudor español, Periñón muestra una amplia provisión de entendimiento humano, una cualidad que muchos mexicanos "ilustrados" aplaudirían como no pretenciosa y totalmente característica de su casta. Ellos juzgarían que el particular estilo religioso de Periñón (¿o de Hidalgo?) sería menos oneroso y más comprensivo y hasta acogedor de la debilidad humana y de las necesidades y condiciones de la gente común.

IV. La coincidencia literaria

Al contrastar la novela *Los pasos de López* con el drama *La conspiración vendida*, en éste los personajes reciben sus nombres y títulos legítimos e históricos. De todos modos, se toma ciertas libertades en la pieza dramática que después pasan a la novela. Una de las más obvias es la personalidad ardiente de la Corregidora (en vida, Josefa Ortiz de Domínguez; en la novela, Doña Carmen o Carmelita de Aquino). Aunque la historia puede sugerir su fuerza de carácter, es Ibargüengoitia quien la muestra como fuertemente determinada y más resuelta que su marido. En estas obras, como en la historia, el Corregidor trata de manipular las circunstancias para no estar implicado en la Conspiración de Querétaro. En la novela, él se ve como débil físicamente y también de carácter. Sufre de mareos (*obnúbila*) y no puede hablar cuando se pone muy nervioso (*se traba*). Tiene problemas en controlar los nervios cuando se excita, y en esos momentos Carmelita se adelanta y se hace cargo de la situación. En la novela ella es considerada como el cerebro, la convicción y la belleza que motiva a los hombres a la acción en las reuniones de "La Junta del Reloj", la logia de los conspiradores de Cañada. Según la historia y el drama, ella simplemente se hace cargo de la sublevación y, mientras el Corregidor trata de encubrir su participación en el complot, ella envía un coconspirador, Ignacio Pérez, el alcalde de la cárcel de Querétaro, a San Miguel el Grande para decirle a Ignacio José Allende que ellos han sido descubiertos y que empiece la rebelión. Indudablemente, si ella no hubiera asumido esta acción decisiva, la intriga hubiera sido descubierta prematuramente y todos hubieran sido arrestados. El argumento del drama capta a la pareja como la leyenda popular y la sociedad contemporánea quisieran que fueran. A pesar de nuestra objetividad y conocimiento de la historia, algunos aspectos del siguiente diálogo de la pieza dramática *La conspiración vendida*, aunque reveladores y entretenidos, hubieran sido improbables en aquella época:

> Corregidora. Te desobedecí: di tres golpes, él me contestó con otros tres, salió a la calle y yo le hablé desde el balcón.
>
> Corregidor. ¿Y qué le dijiste?
>
> Corregidora. Le ordené que fuera a San Miguel el Grande y que avisara al capitán Allende que la conspiración había sido descubierta y que tomara providencias.
>
> Corregidor. ¿Y te das cuenta, grandísima tonta, que la única providencia que puede tomar el capitán Allende es levantarse en armas?
>
> Corregidora. Por eso le avisé.
>
> Corregidor. Pues has cometido un desacato a la autoridad marital [...] y además una torpeza enorme, porque un levantamiento en San Miguel no significa nada si no va unido a un levantamiento en Querétaro.
>
> Corregidora. Lo sé, y para evitarlo, mandé avisar al capitán Arias que dé el golpe hoy mismo.
>
> Corregidor. ¿Así que de buenas a primeras te convertiste en directora de la revolución? [Ibargüengoitia, *La conspiración vendida*, pp. 151-152]

En momentos en que su relato histórico queda un poco difuso, el autor usa la imaginación y juega con las diferentes posibilidades. Temiendo ser descubierto, el capitán José Arias (capitán Adarviles en la novela), quien es un miembro de la junta conspiratoria, delata a sus compañeros ante las autoridades españolas de Querétaro y les avisa a estas últimas del complot. Los españoles, sin que los conspiradores lo sepan, le entregan a Arias una carta falsificada en la cual los insurgentes le ordenan tomar acción y rebelarse. Esta carta va a ser encontrada por los mismos españoles que se la entregaron mientras él está en presencia de los corregidores, y de esta manera los conspiradores no sospecharán que Arias los ha delatado a las autoridades. En el drama la carta incriminatoria lleva la firma de Allende, pero en la novela fue firmada por Doña Carmelita. Los elementos históricos tuvieron que ser cambiados a veces en la novela para facilitar la condensación de información y tiempo. Mayormente, Chandón, de alguna manera, sirve de agente condensador. Por ejemplo, sólo después que el lector entiende el posible resultado desastroso de las acciones traicioneras de los miembros delatores de la Junta en Querétaro, las palabras que Chandón decía al principio de la novela impactan sobre la conciencia del lector:

> ...me hizo jurar, si mal no me recuerdo, guardar lealtad eterna a la junta "y a cada uno de sus miembros", no revelar jamás lo que se tratara en las reuniones y librar a mi Patria del yugo español. Cumplí mal ese juramento pero otros lo cumplieron peor. [Ibargüengoitia, *Los pasos...*, p. 48]

Los traidores fueron: El joven Manrique (Mariano Galván en la historia del país), el secretario de la junta que trabajó para el correo; capitán Adarviles (José Arias), quien les habló a las autoridades de Querétaro; y el Presbítero Concha (el Canónigo Iturriaga en la realidad). Este último traiciona a sus amigos al confesarse en el lecho de muerte, para salvar su alma eterna; pero, desde la Independencia, él languidece en un purgatorio que la historia popular mexicana le ha preparado. La validez de este último acto infame, sin embargo, ha sido disputado por algunos de los historiadores mexicanos más devotos. Mariano Cuevas establece que la confidencialidad del confesionario no permitiría que tal información se hiciera pública. Y esto es solamente una de las muchas contradicciones intrínsecas al episodio expresadas por los historiadores mexicanos quienes han intentado encontrar la verdad de la lucha por la Independencia justificando sus propias opiniones y beaterías y creando así su propia "antihistoria". Es aún más curioso notar que si hubieran ganado por fin los españoles, todos estos "traidores" se hubieran transformado en héroes y defensores de la corona, lo que muestra la arbitrariedad de la versión aceptada de la historia de cualquier nación.

Ibargüengoitia tiene el talento de crear una versión novelesca de las leyendas históricas comúnmente creídas, pero nunca trata de hacernos pensar que es la única legítima. Por ejemplo, aunque la historia dice que el alcalde de la cárcel fue enviado por la Corregidora, doña Josefa Ortiz, para hacer correr la voz; Chandón, el autor implícito de la novela, da su propia versión metahistórica. Mantiene que él mismo fue a caballo hasta Muérdago (San Miguel) para avisar a Ontananza (Allende) y entonces se fue a Ajetreo (Dolores) para decirle a Periñón (Hidalgo) que la Junta en Querétaro había sido descubierta. Chandón dice en la novela, que por esta información, "se desmiente la leyenda que dice que mató cinco caballos para llegar a avisarles." En esta instancia, es interesante que Ibargüengoitia en realidad reescribe su propia interpretación de los supuestos eventos históricos (o legendarios) para hacerlos corresponder a la razón y a la lógica de la situación literaria. Así, por esta autoconciencia interna, enmienda los excesos de su propio mito metahistórico y cambia el texto de la historia nacional aceptada (véase *Los pasos de López*, p. 107).

Es también Chandón en la novela quien encabeza el destacamento de soldados que descubren el escondite secreto de las armas de la conspiración en la casa de Emiliano Borunda (Epigmenio González), cuando en la historia y en el drama *La conspiración vendida* era un sargento de la guarnición del pueblo. Además, Ontananza (Allende), Aldaco (Aldama), y Periñón (Hidalgo) son entregados a los españoles por Adarviles (Arias) en la novela.[5] Chandón ha estado sospechando de Adarviles desde la traición contra la Junta de Querétaro y por poco lo cogen, pero se escapa separándose de los líderes revolucionarios que huyen con rumbo a Chihuahua. De este modo, Ibargüengoitia salva a Chandón, su narrador y autor implícito, de la ejecución inevitable que sufrieron sus compatriotas y, de la misma manera, el autor mantiene la credibilidad de su creación metahistórica. Treinta años después, Chandón, el autor implícito, escribe sus memorias que constituirán el argumento metahistórico de la novela. En la vida novelesca él está casado ahora con Cecilia Parada, otro personaje inventado que también asistió a las reuniones de la Junta de Cañada en lugar de su padre enfermo.

Un elemento de mucha controversia histórica se centra en la leyenda de la acción heroica del joven Juan José de los Reyes Martínez. El que fue apodado "Pípila". Dice la leyenda que por su heroísmo terminó el asedio de Guanajuato por el ejército

28

revolucionario. Él encendió la puerta de la "Alhóndiga" donde las tropas españolas se habían refugiado. Para la escena de la toma de Cuévano (Guanajuato) en *Los pasos de López*, el autor cambia completamente la historia, desmitificando el episodio del "Pípila". Hace que Periñón construya un cañón con las campanas de la iglesia de Ajetreo. Con este armatoste, llamado "El Niño", vuela de un cañonazo la puerta de "La Requinta", y los revolucionarios brutalmente ponen fin a la resistencia española en Guanajuato.

Parece que en el caso del "Pípila", la leyenda y los héroes folklóricos son más aceptables a los gustos históricos de la gente mexicana y aun a los de los académicos que las explicaciones lógicas de lo que debió haber ocurrido. Otra vez, Antonio Alatorre y un grupo de sus estudiantes sacaron a relucir la cuestión del "Pípila" y, hasta cierto grado, el profesor hizo una crítica no muy acertada a la invención metahistórica de Ibargüengoitia cuando preguntó: "¿Es defecto o no, por ejemplo, el que Ibargüengoitia haya prescindido del Pípila?" (Alatorre, p. 37). Posteriormente, el autor responde a la crítica de manera tal que refleja la molestia que muchos escritores contemporáneos sienten al ser atados a las limitaciones de la historia por el folclore que ha llegado a ser legitimizado por la tradición nacional:

> No admito la observación que hizo alguien: que prescindir del Pípila sea un defecto de la novela. Ésta trata la toma de Cuévano y de la Troje de la Requinta, no la toma de Guanajuato y de Granaditas. Son dos batallas diferentes, y la que yo inventé la escribo como me da la gana. El episodio del Pípila siempre me ha parecido una tontería piadosa: el minero humilde arriesga la vida y vence al Imperio Español... Prefiero el "Niño" y el cañonazo. El Pípila histórico, si es que existió, requiere de una docena de Pípilas, que son los que llevan la leña y la dejan contra la puerta, y es la fogata lo que incendia la puerta. Con una tea no se quema una puerta de alhóndiga. [Ibargüengoitia y Alatorre, p. 49]

Según el autor, *Los pasos de López* sólo incidentalmente se relaciona con la historia mexicana. Es una novela que capta la ascensión y la caída de Domingo Periñón, no de Miguel de Hidalgo y Costilla. La diferencia reside en el uso que el novelista hace de los antecedentes históricos para su elaboración metahistórica. Decir que la novela *Los pasos de López,* por medio de las técnicas metahistóricas y autorreflexivas, se libra de las restricciones aparentes en el drama anterior, *La conspiración vendida,* es cierto con relación a los asuntos históricos, pero es menos aceptable cuando lo estudiamos desde un punto de vista literario. La obsesión y pasión de Ibargüengoitia por el teatro hace que estas influencias contribuyan a la contextura intertextual de su novela y a su génesis artística.

V. El drama incrustado

Los lectores de *Los pasos de López* a veces dejan de considerar la importancia de lo teatral en la novela, y en especial no se fijan en la pieza intercalada, *La precaución inútil*, que Ibargüengoitia se ha esforzado por elaborar en la novela. Esta última contiene dos partes que reflejan diferentes realidades históricas, y esta obra insertada capta perfectamente el hilo narrativo de la novela y proyecta en microcosmo la amplitud de la novela y su resolución. El drama intercalado anticipa la acción de la novela, impactando a la vez el desarrollo literario del héroe, Periñón, de la novela.

Los personajes principales de la Conspiración de Cañada (Querétaro) tienen sus propios nombres por los cuales son conocidos dentro del grupo clandestino, pero es interesante notar que los nombres que reciben en la pieza intercalada les dan nuevas identidades. Ellos ensayan el drama incrustado *La precaución inútil* con el intento de representarlo para conmemorar el santo de Carmelita. La descripción que el narrador, Chandón, hace de los respectivos papeles de los personajes ejerce una influencia simbólica tanto en la realidad externa de la historia mexicana como en el mundo metahistórico interno de la acción de la novela. Carmelita, la Corregidora, desempeña el papel de Rosina, la huérfana inocente y heredera de una fortuna; el Presbítero Concha hace el papel de don Baldomero, un viejo avaro y lujurioso, un hombre que quiere apoderarse de Rosina; Ontananza es Lindoro, el noble gallardo que se disfraza de campesino para cortejar a Rosina; y Periñón toma el papel del sirviente de Lindoro llamado López. He aquí el nombre metaficticio que da lugar al título de la novela. A primera vista, todo parece, en el mejor de los casos, muy ingenuo, y en el peor, románticamente banal, pero las redundancias dramáticas de la pieza tienen la misma función que la mayoría de la sátira en las obras de Ibargüengoitia. Su sencillez es engañosa y mucho más intrincada de lo que inicialmente se pudiera imaginar.

Dentro de la ficción de la novela, muchos de estos personajes masculinos, incluyendo al narrador y autor implícito, Chandón, están compitiendo entre sí para obtener los favores de Carmelita. En un sentido simbólico, ella hace el papel de la huérfana en el drama intercalado porque al nivel de la novela hay tensión entre ella y su esposo y no se llevan bien. Ontananza, en particular, está deseoso de sus atenciones, aunque ella nunca se entrega a ninguno de los pretendientes. Este galanteo de la Corregidora (y de Rosina del drama insertado) por Ontananza, en dos diferentes planos metaficticios, le da a él su aspecto de dandy dentro del grupo y, por consiguiente, el muy merecido nombre simbólico "Lindoro"— "el lindo." [6] El es mimado y halagado también en el contexto novelístico por sus hazañas militares, las cuales lo hacen indispensable para la revolución. El título del drama, *La precaución inútil,* reflejaría la cautela ejercitada por los conspiradores revolucionarios quienes a la vez son los actores de la obra, y título y acción del drama sugerirían o prefigurarían su eventual traición y su inesperado descubrimiento. Durante la presentación de la pieza intercalada, el Presbítero Concha ("Juanito") olvida recitar su línea más importante: "—Yo soy el culpable, etc." Él es, por supuesto, quien traiciona la conspiración con su acto de suma contrición antes de morir, y se le considera el culpable en ambas obras, en el drama *La conspiración vendida* así como en la novela *Los pasos de López.*

Aunque el lector aprende poco sobre la acción propuesta del drama incrustado *La precaución inútil,* Chandón menciona que Periñón (Hidalgo) desempeña el rol más interesante en todo el trabajo y nosotros podríamos agregar, entre paréntesis, que es el mejor papel en todo este segmento de la historia mexicana: "él enredaba y desenredaba la acción, resolvía todos los problemas y al final recibía todos los castigos" (Ibargüengoitia, *Los pasos...*, p. 37). Recordará el lector, al leer estas palabras, el rol de Hidalgo en la rebelión frustrada y su trágica muerte. La última escena de la obra insertada pronostica el drama de la vida de sus actores: "El desenlace fue grotesco: el elenco cantó 'Toda precaución es inútil' y el telón cayó con Periñón encadenado y Juanito en libertad cuando debería haber sido al revés" (Ibargüengoitia, *Los pasos...*, *p.* 71). La preferencia metahistórica del lector/espectador, por supuesto, correspondería a los comentarios metaficticios y editoriales de Chandón. Nosotros también disfrutaríamos mucho de ver una historia alterada. Sería justicia poética que el Presbítero Concha fuera encarcelado por alta traición contra la revolución y que Periñón siguiera en libertad para así vivir la fantasía de la victoria y de la Independencia, y ser aclamado después "Padre de la República" mientras vivió.

Además, el lector debe entender que las palabras de Chandón en relación con "López" tienen doble sentido. Hay dos dramas implícitos en las palabras "enredaba y desenredaba la acción"; primero, que López es un actor fundamental en el desarrollo del pequeño melodrama romántico *La precaución inútil,* pero, segundo, y más significativo aún, Periñón>López>Hidalgo desempeña un papel singular en el desenvolvimiento del drama de la Independencia mexicana. No cabe duda que él (Hidalgo) "enredaba" y "desenredaba" la acción de ese momento en la historia mexicana y, al final, asumió el peso del castigo. Sin duda alguna Allende (Ontananza>Lindoro) era un gran militar que conocía la táctica, el mejor soldado y la luz orientadora de esta fase de la guerra de Independencia en México y, como en el drama, era el galán del grupo. Pero fue Hidalgo quien promovió a las masas a la acción. Él sirvió de fuerza comprometedora y de inspiración, y mantuvo en pie a su ejército harapiento y hambriento, enfrentando con inmensurable disparidad la fuerza adversaria, siempre con la seguridad del eventual fracaso. El drama intercalado viene a ser, entonces, un símbolo de la lucha por la Independencia. López es el personaje central, el mártir de la historia; es el personaje dramático clave, además de ser el sacerdote que unifica a México. De esta manera, este personaje, "López", da significado metahistórico y metaficticio al drama intercalado de Ibargüengoitia y también a su novela.

catehato y tiranía en libertad cuanto debería haber sido al
revés". (Ibargüengoitia: *Los pasos...*, p. 97). La complacencia
metahistórica del lector/espectador por supuesto correspondería a los componentes metafísicos y euforizantes de Chundán.
Nosotros también disfrutaríamos mucho (de ver una historia
alterna. Sería injusta pedir que el Presbítero Concha fuera
ejecutado por alta traición como la revolución y que Periñón
siguiera en libertad para así vivir la fantasía de la victoria y de la
independencia, para aclamado después "Padre de la República",
amoblas vitál.

Además, el lector debe entender que las palabras de
Chundán en relación con López tienen doble sentido. Hay
dos dramas implícitos en las palabras "muerte" y desenmedaña
la acción", primero que López es un actor fundamental en el
desarrollo del pequeño melodrama contra(Rijo. La producción
(miría, pero, segundo, y más significativo aún, Periñón y Lo-
pez-Hidalgo desempeña un papel singular en el desarrol
vimiento del drama de la independencia mexicana. No cabe
duda que él (Hidalgo) "luchaba" y "desenlaza" un a muerte
ese momento en la historia mexicana y al final asumió el rero
del castigo. Sin duda alguna Periñón (Ortiz-Rubí, Hidalgo) era
un gran militar que, con la táctica, el mejor soldado y la luz
verdadera de esta fase de la guerra de independencia en
México, y, como en el drama, era el artíful del rey. Pero fue
Hidalgo quien promovió a las masas a la acción. El fervió de
fuerza comprometida y de inspiración, infundió ímpetu a su
ejército inseparto y lamentable, enfrentando con impensable
disparidad la fuerza adversaria siempre con la seguridad del
eventual fracaso. El drama intercalado viene a ser, entonces, un
símbolo de la lucha por la independencia. Pero es el personaje
central, el motor de la historia, el personaje dramático clave,
además de ser el factor clave, que unifica a México. De esta
manera, este personaje, "López", da significado metahistórico y
metaficticio al drama intercalado de Ibargüengoitia y también a
su novela.

VI. La autorreflexividad

Es interesante reconocer que hasta prominentes eruditos y estudiantes bien versados en la historia mexicana no han entendido la relación entre *La conspiración vendida, La precaución inútil* y *Los pasos de López*. Ni Ibargüengoitia mismo, respondiendo a ellos, se molesta en explicar esta interdependencia. Alatorre, en su carta al autor concerniente a la reacción de sus estudiantes al drama intercalado, establece que: "A varios de los lectores los fastidió [...] lo que ocurre en las páginas 36 y 37. Se ensaya una comedia de mucho sabor 1810 (la dama se llama Rosina y el galán Lindoro)" (Alatorre, p. 37). Alatorre no se da cuenta de que el drama incrustado, *La precaución inútil,* trasciende el límite literario inicial que le ha dado el autor. Es obvio que tampoco entiende la función metaficticia de la "construcción en abismo" (*mise en abyme;* véase, por favor, la nota número 6 de este trabajo). El drama intercalado viene a ser una continuación dentro de la novela del antecedente dramático, *La conspiración vendida,* que fue escrito más de dos décadas antes. Como en *La conspiración vendida,* el primer acto de *La precaución inútil* (históricamente relacionado con los acontecimientos de la Conspiración de Querétaro) termina cuando los Corregidores son descubiertos y se revela su papel en el complot. En la novela *Los pasos de López* la escena idéntica se desarrolla entre las páginas 104 y 106, y es importante entender que el formato teatral reemplaza la estructura narrativa de la novela entre esas páginas, dando lugar a un diálogo dramático con parlamentos alternantes que incluyen acotaciones dramáticas:

> (Entran Ochoa y Manubrio, de capa y sin sombrero.)
> [...]

35

Manubrio: ¿Y estas botas de quién son?

Carmen y Diego: ¿Cuáles botas?

(Ochoa y Manubrio sacan pistolas que traen bajo las capas…)

Manubrio (apuntando): El que está detrás de la cortina que salga de allí.

(Aparece Adarviles con las manos en alto…)

Ochoa (hacia afuera): Alguaciles, a mí.

[…]

Ochoa (a Adarviles): Capitán, su espada. [Ibargüengoitia, *Los pasos…*, p. 105]

Si comparamos este diálogo de la novela con la acción que describe el mismo episodio en el drama, *La conspiración vendida*, las similitudes entre los dos nos dan a entender cuánto ha influido la conceptualización dramática en la creación novelística del autor:

Domínguez: ¿Y esas botas que están debajo de la cortina? (Señala las botas de Arias.)

Corregidor: (Aterrador.) Es verdad son botas…

(Domínguez corre la cortina y Arias queda descubierto.)

Domínguez (Fingiendo sorpresa.): ¡El capitán Arias! (Saca un pistolón.) Dése preso, capitán.

[…]

Domínguez: Su espada, capitán. [Ibargüengoitia, *La conspiración vendida*, p. 160-161, para más información sobre equivalencias, consúltese la "Tabla de aproximaciones", al final de este estudio.]

Para prolongar el efecto dramático dentro de la novela, Ibargüengoitia concibe un fin especial para el primer acto del drama intercalado. Aparece en la novela como la idea tardía del narrador Matías Chandón y da un toque verdaderamente teatral. Él declara: "Cae lento el telón" (*Los pasos…*, p. 106). Según el concepto del autor implícito, el impulso dramático de la acción histórica y metahistórica ha rebajado el argumento narrativo a un nivel secundario. Y por consiguiente, en vez de ser un observador de una exposición ficcionalizada de hechos históricos, el lector se ha convertido en espectador de una representación metateatral, cuya importancia no comprende hasta el fin de la novela.

Cuando capturan a Periñón y a los otros líderes insurgentes, ejecutan a estos últimos sin demora. Por ser sacerdote, aquél está bajo la jurisdicción tanto de la autoridad civil como de la eclesiástica, y los españoles quieren que firme un "Acta de Contrición" y que admita su culpabilidad. Su juicio se prolonga mucho, pero cuando Periñón se da cuenta de que no hay otra forma de acabar con todo, firma el nombre "López" y lo condenan y lo matan. Otra vez, al usar el nombre López, Ibargüengoitia muestra el impacto autorreferencial de lo dramático sobre su conceptualización de la novela. El nombre metahistórico de este personaje en la novela es Periñón. Su nombre metahistórico dentro de la Junta del Reloj de Cañada es Domingo. Si gobernara aquí la lógica, pensaríamos que para demostrar su continua oposición a las autoridades y para frustrar los designios de sus capturadores firmaría con un nombre ficticio. Ciertamente usaría el nombre por el cual lo conocieron en la Junta de Cañada. Firmaría, por lo tanto, "Domingo". Pero, ¿no es curioso que Ibargüengoitia le haga firmar el nombre "López"? Este nombre nunca fue usado excepto en el burdel de Tía Mela y en el drama intercalado, *La precaución inútil*. En el caso de la casa de la Tía Mela, podríamos suponer que Periñón usa el nombre conocido por sus amigos más íntimos y de confianza, y para esconder su identidad de gente chismosa que interpretaría mal sus visitas al burdel. Además, usa el nombre "López" en aquellos momentos en que quiere ser genuino y desahogarse, cuando no lleva ninguna máscara que requiera la sociedad, en especial la de sacerdote. En tales situaciones, "López" se convierte en la representación interna metaficticia de una realidad externa que choca contra su naturaleza de ser humano común. El drama *La precaución inútil*, donde aparece más el nombre "López", también representa el complemento metateatral de *La conspiración vendida* y constituye un paralelo metaficticio para el relato narrativo e histórico. El nombre López, no Periñón ni Domingo, da unidad literaria al desenvolvimiento metahistórico de la novela. Los impulsos del dramaturgo Jorge Ibargüengoitia de esta manera influyen en su propia percepción del intercambio entre el drama, la historia y su última novela.

A esta altura, uno debe volver al principio, al título de la novela. El título reafirma estas conclusiones. El lector sigue los "pasos" de "López", no de Periñón ni de Domingo. En un sentido concreto, el personaje del drama intercalado, "López", comienza y termina esta novela. Constituye el marco que envuelve la narrativa y los antecedentes históricos de la novela. "López" da sentido al principio de la obra y aparece como la última palabra pronunciada en el texto para darle finalidad. Así es que el drama de la historia y el drama de esta narrativa se unen en la autorreflexividad de autor y novela para producir una totalidad excepcional hecha de una narrativa y un simbolismo engañosamente sencillos. Si no fuera por la superimposición histórica de que nos provee Ibargüengoitia en *Los pasos de López*, no tendríamos el eslabón que une la historicidad, la autorreflexividad y la intertextualidad. Por medio de esta novela, no sólo puede el estudiante descifrar las identidades de estos individuos, sino también de los estados y pueblos que aparecen en las otras obras del autor. Usando *Los pasos de López* de ejemplo, nombres de lugares ficticios de otras novelas del autor se convierten en lugares verificables, revitalizados por medio de la técnica autorreferencial del autor. El pueblo de Cuévano, por ejemplo, aparece en muchas de sus novelas, y descifrado ahora en *Los pasos de López*, vuelve a ser Guanajuato. Parece casi profético que Ibargüengoitia les diera a sus lectores la clave a su autorreflexividad en su última novela, poco antes de su muerte. Es obvio que *Los pasos de López* traza la trayectoria talentosa del pasado dramático de Ibargüengoitia para enaltecer el arte de su novelística, produciendo de esta manera una unión mucho más vital y expresiva de historia, drama y narrativa autorreferencial.

TABLA DE APROXIMACIONES ENTRE LA NARRATIVA, EL TEATRO Y LA HISTORIA DE MÉXICO: UNA COMPARACIÓN ENTRE LUGARES Y NOMBRES

LA NOVELA (Los pasos de López)	EL DRAMA (La conspiración vendida)	LA HISTORIA
A) Ciudades y pueblos:		
Cañada	Querétaro	Querétaro
Muérdago	San Miguel	San Miguel (el Grande) Allende
Ajetreo	Dolores	Dolores
Cuévano	Guanajuato (nota final)	Guanajuato
—	Celaya	Celaya
Huetámaro	—	Valladolid (Morelia)
B) Personajes e individuos:		
(De la Junta:)		
Domingo Periñón	Hidalgo	Miguel Hidalgo y Costilla
Corregidor Diego Aquino	Miguel Domínguez	Miguel Domínguez
Carmelita de Aquino (Carmen)	Corregidora	Josefa Ortiz de Domínguez

39

LA NOVELA	EL DRAMA	LA HISTORIA
Capt. Ontananza	Ignacio Allende	Ignacio José Allende
Capt. Aldaco	Capt. Aldama	Capt. Juan Aldama
Emiliano Borunda	Epigmenio González	Epigmenio González
Sr. Mesa (compra para el arsenal)	Benito (?)	?
Dr. Benjamín Acevedo (tesorero de la Junta)	—	?
Presbítero Concha	Canónigo Iturriaga	Canónigo Iturriaga
Capt. Adarviles	Capt. Arias	Capt. José Arias
Joven Manrique	Mariano Galván (intro.)	Mariano Galván
Matías Chandón	(Sargento) (Alcalde de la cárcel)	(Alcalde Ignacio Pérez)
Cecilia Parada	—	?

C) **Españoles y simpatizantes:**

Obispo Begonia	—	Manuel Abad y Queipo
Intendente, don Pablo Berreteaga	—	Intendente, Juan Antonio Riaño

40

LA NOVELA	EL DRAMA	LA HISTORIA
Don Indalecio Quintana	Sr. Quintana (intro.)	Joaquín Quintana (Admor. de Correo)
Alcalde Ochoa	Alcalde Ochoa	Alcalde don Juan de Ochoa
Padre Pinole	Padre Gil	Padre Rafael Gil de León
Licenciado Manubrio	Escribano Domínguez	Escribano Juan Fernando Domínguez
General Cuartana	—	Gral. Félix María Calleja
Tambor Mayor Alfaro	—	Tambor Mayor Ignacio Garrido

41

Notas

¹ Robert Spires, en su libro *Beyond the Metafictional Mode: Directions in the Modern Spanish Novel* (Lexington, University of Kentucky Press, 1984, p. 8), trata de mejorar la esquemática de Robert Scholes de las categorías literarias que coloca la historia en el ápice descendente donde "the referent is supposed to stand the test of scientific rather than merely empirical verification." En el diagrama de Spires de la modalidad de las divisiones literarias, la historia, tal como la teoría novelística, no puede ser considerada una modalidad de la ficción: "it would seem that it should be just beyond the graph":

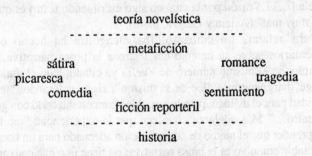

Aun así, parece que serían apropiadas algunas modificaciones del concepto de Spires con respecto a la historia. Spires deja varias clasificaciones de la historia ficticia fuera de todo confín literario. Lo que definen algunos estudiosos como "historia narrativa"; es decir, el hecho de recontar la historia, usando un contexto humano y social. Según la esquemática de Spires, no cabría la historia narrativa dentro de los límites de la ficción. Muchas clases de "historia interpretativa" pueden considerarse, sin embargo, como ficcionalizaciones de la realidad (sea lo que sea "la realidad") y aproximaciones muy cercanas a la narrativa. La novela histórica muchas veces constituye, en realidad, una invención ficcional envuelta en sólo la cáscara de la historicidad. Su núcleo puede ser, más que nada, ficción y su ámbito hasta podría trascender los límites ficticios de la "historia reporteril". En orden ascendente y saliendo de la historia objetiva, una esquemática más refinada podría desarrollarse de la siguiente manera para llegar a la posición de la "ficción reporteril" en el diagrama de Spires:

ficción reporteril
ficción histórica
historia interpretativa
- - - - - - - - - - - - - - - - - -
historia de la narrativa
historia

2 En un punto en el desarrollo de su carrera, en 1978, mientras hablaba de como había trabajado con Usigli, Ibargüengoitia dice que el gran maestro, "...me enseñó a escribir teatro [...] Pero a mí, en el fondo, no me interesa el teatro. No me interesan las situaciones que se llaman dramáticas en la vida real. En realidad soy un escritor de novela [...] La razón por la cual no sigo escribiendo teatro es que lo hice muy mal" (Asiain y Oteyza, p. 48).

Para aclarar, sin embargo, Ibargüengoitia ha hecho otros comentarios sobre su cambio del teatro a la prosa narrativa. Por ejemplo, en el mismo número de *Vuelta* ya citado, bajo el título de "Jorge Ibargüengoitia dice de sí mismo", sigue aclarando: "tengo facilidad para el diálogo, pero incapacidad para establecerlo con gente de teatro..." Más adelante establece que la experiencia: "me hizo comprender que el medio de comunicación adecuado para un hombre insociable como yo es la prosa narrativa: no tiene uno que convencer a actores ni a empresarios, se llega directo al lector, sin intermediarios, en silencio..." (p. 51).

Esta última declaración nos indicaría que, más que meramente una preferencia de la novela sobre el drama, su personalidad y su sociabilidad habrán sido factores que le impulsaron a escribir prosa narrativa en vez de teatro. Ibargüengoitia sugiere que los obstáculos parecían menos ásperos después de adoptar la narrativa como su forma literaria predilecta. El intercambio personal fue menos fastidioso y sus éxitos fueron más obvios y mejor premiados. No es de extrañar, por lo tanto, que dejara de publicar dramas después de *El atentado* (1962).

44

³ *Los pasos de López* es el título que Ibargüengoitia dio a la obra después de consultar con los editores de Ediciones Océano en 1982. La novela salió primero en Barcelona, publicada por Argos Vergara en 1981 bajo el título de *Los conspiradores*. Al discutir esta discrepancia con otros en la conferencia de la LASA (Asociación de Estudios Latinoamericanos) en Albuquerque, Nuevo México, el 20 de abril de 1985, Gustavo Sainz, el narrador mexicano, le dijo al autor de este estudio que los editores de Ediciones Océano propusieron el cambio de título a Ibargüengoitia cuando se dieron cuenta de la fuerza simbólica del nombre "López" dentro del contexto de la novela y, también, porque simbólicamente se referiría a la salida inminente y no muy elegante del presidente de entonces, López Portillo.

⁴ Una cita de la contraportada de la edición, *Los pasos de López* (México, Ediciones Océano, 1982).

⁵ José Arias, quien corresponde históricamente en muchos aspectos al Capt. Adarviles de la novela, no condujo a los líderes revolucionarios a la trampa española como nos haría pensar la novela. Aunque Arias fue implicado en la traición de ellos, el oficial que en verdad los entregó y que ocupa esta posición en los anales de la infamia nacional mexicana se llamaba Ignacio Elizondo.

⁶ La Rosina del drama incrustado representa una romántica descripción metateatral de la Corregidora del drama *La conspiración vendida*. A la misma vez, la Corregidora Carmelita de la novela *Los pasos de López* se convierte en la representación metahistórica de su contraparte doña Josefa Ortiz de Domínguez. Simétricamente correspondiente, "Lindoro" es el galán y dandy metateatral del drama intercalado *La precaución inútil* que se convierte en el "Ontananza" metahistórico de la novela mientras que representa al Ignacio José Allende histórico.

La autorreferencialidad del drama intercalado *La precaución inútil* corresponde a la novela metahistórica *Los pasos de López*, la cual, a su vez, refleja la historia nacional cuyas versiones oficiales son, en sí, metahistóricamente autorreflexivas. Representan lo que los mexicanos quieren creer con respecto a sus héroes y canallas nacionales. Este reflejo de una autocaracterización mexicana es captado por Ibargüengoitia en el drama *La conspiración vendida*, que conmemora la Independencia nacional. Estas metaficciones múltiples

45

sirven de ejemplo de lo que considera Lucien Dällenbach la *réduplication à l'infini* al hablar de los tres tipos básicos de *mise en abyme*. Consúltese, por favor, Dällenbach, *Le Récit spéculaire. Essai sur la mise en abyme* (París, Editions Du Seuil, 1977, pp. 18, 51, 60).

Bibliografía citada

Alatorre, Antonio. "*Los pasos de López* de Jorge Ibargüengoitia", en *Vuelta*, vol. 6, núm. 69, agosto de 1982, pp. 36-37.

Asiain, Aurelio y Juan García Oteyza. "Entrevista con Jorge Ibargüengoitia", en *Vuelta*, vol. 9, núm. 100, marzo de 1985, p. 48.

Cuevas, Mariano. *Historia de la nación mexicana*. México, Porrúa, 1967.

Dauster, Frank. *Historia del teatro hispanoamericano*. México, Ediciones de Andrea, 1966.

Ibargüengoitia, Jorge. *La conspiración vendida*, en *Sálvese quien pueda*. México, Editorial Novaro, 1975, pp. 111-163.

-------. *Los pasos de López*. México, Ediciones Océano, 1982.

Ibargüengoitia, Jorge y Antonio Alatorre. "Réplica y contrarréplica", en *Vuelta*, vol. 6, núm. 71, octubre de 1982, pp. 48-52.

Iñigo Madrigal, Luis. Reseña a *Los relámpagos de agosto: memorias de un general mexicano*, en *Estafeta literaria*, núm. 537, abril de 1974, p. 1667.

Knapp Jones, Willis. *Behind Spanish American Footlights*. Austin, University of Texas Press, 1966.

Madirassa, Mary. "Antihistoria de Usigli", en *Excelsior*, domingo 23 de octubre de 1977, pp. 2-3.

Pavón, Alfredo. "De la realidad a la literatura", en *La palabra y el hombre*, (nueva época) núm. 23, julio-septiembre de 1977, pp. 69-70.

Ruffinelli, Jorge. "Risa fácil y efímera", en *Plural*, vol. 4, núm. 9, 3 de junio de 1975, pp. 70-71.

Usigli, Rodolfo. *Corona de sombra*. México, Ediciones Cuadernos Americanos, 1947.

Waugh, Patricia. *Metafiction: The Theory and Practice of Self-Conscious Fiction*. Londres, Methuen, 1984.

White, Hayden. "The Burden of History", en *Tropics of Discourse: Essays in Cultural Criticism*. Baltimore, Johns Hopkins University Press, 1978.

Índice

Índice

El "López" de Ibargüengoitia
de L. Howard Quackenbush se imprimió en
los talleres de Cavallari Impresores y Editores, S.A. de C.V.
Amsterdam 111, P.H., Col. Hipódromo Condesa, México, D.F.
La tipografía es del Departamento de Español
y Portugués de la Brigham Young University.

La edición de 1,000 ejemplares estuvo al
cuidado de Russell M. Cluff y Ana Clavel.